LES MERVEILLES
DE
LA NATURE

PRÉSENTÉES AU JEUNE AGE

EXTRAITS
DES CONTEMPLATIONS DES PRINCIPALES MERVEILLES DE L'UNIVERS
PAR M. L'ABBÉ F. GROBEL

Supérieur du Petit Séminaire de Sainte-Marie de La Roche, ancien professeur de Philosophie et de Rhétorique de l'Université de Turin, membre correspondant de l'Académie impériale de Savoie

ANNECY
BURDET, LIBRAIRE-ÉDITEUR
1865

LES MERVEILLES
DE LA NATURE.

28034

Annecy. Imp. CH. BURDET.

LES MERVEILLES
DE
LA NATURE

PRÉSENTÉES AU JEUNE AGE

EXTRAITS

DES CONTEMPLATIONS DES PRINCIPALES MERVEILLES DE L'UNIVERS,

PAR M. L'ABBÉ F. GROBEL

Supérieur du Petit-Séminaire de Sainte-Marie de La Roche, ancien professeur de Philosophie et de Rhétorique, de l'Université de Turin, membre correspondant de l'Académie impériale de Savoie.

ANNECY
CH. BURDET, LIBRAIRE-ÉDITEUR
1863

AVANT-PROPOS.

Nous ne saurions mieux faire apprécier ce petit ouvrage, dédié au jeune âge, qu'en faisant connaître quelques-unes des hautes approbations dont a été honorée, par plusieurs prélats éminents, la première édition des *Contemplations des principales merveilles de la nature*, dont cette publication reproduit les morceaux choisis.

L'Éditeur.

Approbation de Mgr RENDU, Évêque d'Annecy.

Monsieur l'Abbé,

Nous avons pris connaissance de l'ouvrage que vous vous proposez de publier sous le titre de *Contemplations des principales merveilles de l'univers, ou Philosophie religieuse de la nature.*

Vous y convoquez tous les êtres de la création pour les forcer de bénir leur Auteur. Vous montrez l'ordre admirable qui règne dans la nature, pour faire connaître Dieu et le faire adorer.

En vous emparant des résultats obtenus par les sciences humaines, vous jetez la lumière sur leur orthodoxie et les forcez de plier le genou devant la science des sciences, qui est la science de Dieu.

Nous applaudissons de tout notre cœur à votre travail, et nous souhaitons qu'il soit connu de tous ceux qui consentent à vivre dans l'indifférence, quoique plongés dans l'immensité des bienfaits de Dieu.

Croyez aux sentiments affectueux de votre dévoué.

† LOUIS, *Évêque d'Annecy.*

Annecy, 13 mai 1858.

Approbation de Mgr RIVET, Évêque de Dijon.

Monsieur l'Abbé,

L'approbation si flatteuse donnée à votre ouvrage par Mgr votre évêque suffirait assurément pour m'en donner une bonne opinion. Ce que j'en ai déjà lu me permet de vous en féliciter comme l'a fait mon savant collègue.

Agréez, M. l'abbé, avec tous mes compliments, l'assurance de ma parfaite considération.

† FRANÇOIS, *Évêque de Dijon.*

Evian, le 30 juillet 1858.

Approbation de Mgr JOURDAIN, Évêque d'Aoste.

Monsieur l'Abbé,

Avant de vous féliciter sur votre ouvrage, j'ai voulu le lire en entier, et cette lecture m'a procuré un grand plaisir. Je vous félicite et je vous remercie du fond du cœur de la bonne œuvre que vous avez faite. *Il est à désirer maintenant que cet ouvrage soit adopté dans les collèges et les maisons d'éducation.*

Je vous prie d'agréer, etc.

† ANDRÉ, *Évêque d'Aoste.*

Aoste, le 1er juillet 1858.

Approbation de Mgr CHARVAZ, Archevêque de Gênes.

Monsieur l'Abbé,

Vous avez eu une heureuse idée en condensant dans un petit volume les matières si intéressantes que vous traitez dans vos *Contemplations.* Il passera ainsi faci-

VIII

lement en plus de mains et produira, j'en ai la conviction, tout le bien que vous vous êtes proposé en *rendant sensible et pour ainsi dire palpable l'action de Dieu dans l'univers.*

Je vous renouvelle, avec mes compliments, les sentiments pleins d'estime, etc.

† ANDRÉ, *Archevêque de Gênes.*

Gênes, le 12 juin 1858.

LES MERVEILLES
DE LA NATURE

PRÉSENTÉES AU JEUNE AGE.

CHAPITRE PREMIER.

Naissance d'une plante.

Que de phénomènes dans une plante qui naît et qui grandit !

C'est un tubercule, un noyau, un gland, ou, si vous le voulez, un grain de blé qui a été mis en terre. La semence s'attendrit, se dilate et s'ouvre. De son sein naît le germe ou la jeune plante que la graine nourrit de tout elle-même.

Fortifiée par cet aliment, la jeune plante pousse des racines en bas et une tige en haut. Les racines, chargées de tenir la plante au sol et de la nourrir des sucs de la terre, sont en tout proportionnées à ses besoins et croissent insensiblement avec elle.

L'eau et la bonne terre serviront aussi de première nourriture à la plante. Par une mystérieuse transsubstantiation, des parties d'eau et de terre seront changées en sève, et cette sève se transformera en filaments, en petits canaux, en écorce, en tige, en branches, en feuilles, en fruits, et en semences qui porteront dans leur sein une nouvelle génération.

L'eau et la terre ne suffisent pas, la plante exige encore de l'air. Mettez une plante dans le meilleur terrain, arrosez-la par la racine, mais ne donnez point d'air à sa tige, elle se flétrira et mourra bientôt. Elle respire par une multitude de tubes imperceptibles ménagés dans ses feuilles, aspire certaines parties de l'air et des vapeurs qu'il renferme, les fait passer, au moyen de conduits invisibles, par les branches et par l'écorce de la tige jusque dans les racines.

Avec de la terre, de l'eau et de l'air la plante vivra; mais pour qu'elle prenne sa couleur et sa beauté naturelle, pour qu'elle porte des fleurs et des fruits, et laisse une semence féconde, il lui faut encore de la lumière. Sans la lumière elle restera pâle, inodore et stérile. C'est pourquoi nous voyons des arbustes renfermés dans un appartement, tendre avec effort leurs rameaux, leurs feuilles et leurs fleurs vers la fenêtre par où rayonne la lumière, et des plantes renfermées dans nos caves obscures, allonger leur frêle tige jusqu'à quatre ou cinq mètres, pour atteindre l'ouverture qui donne une faible entrée au jour.

Que de merveilles sorties d'une semence souvent imperceptible! Quel inexplicable instinct végétal fait chercher à la plante les ténèbres par la racine, et la lumière par la tige? Quelle mystérieuse sagesse préside à ce triage d'éléments divers, que fait la plante dans la terre, dans l'eau, dans l'air et dans la lumière! Par quelle force ces éléments se distribuent-ils? Comment forment-ils de nouvelles substances : du bois, de la moelle, de l'écorce, des tiges bien ordonnées, des feuilles admirablement découpées, des fleurs magnifiques avec leur odeur et leur éclat, des fruits avec leur goût délicieux et des semences nouvelles propres à multiplier l'espèce à l'infini?

C'est vous, Seigneur, qui faites toutes ces merveilles! Je vous adore dans toutes vos œuvres, dans l'herbe la plus humble comme dans le cèdre du Liban, et je veux publier à jamais votre puissance, votre sagesse et votre bonté.

CHAPITRE II.

Un Rosier au printemps.

Nous venons d'assister à la formation d'une plante, et nous l'avons suivie dans son développement régulier. Observons encore qu'il s'opère souvent en elle des phénomènes de renaissance qui ne sont guère moins étonnants que ceux de la naissance même.

Nous sommes au printemps : venez voir les merveilles qui vont se produire dans un rosier planté sur l'une des allées de votre jardin. L'automne l'avait dépouillé de ses feuilles, et, pendant l'hiver, il vous avait paru mort ; mais voilà que tout-à-coup, au retour de la belle saison, une vie nouvelle se manifeste en lui ; la sève circule dans ses vaisseaux, comme le sang dans nos veines ; des feuilles d'un merveilleux dessin et d'un beau vert s'étendent au soleil, les boutons paraissent avec leur enveloppe qui protége la fleur naissante. A mesure que cette tendre fleur prend de la consistance, l'enveloppe s'ouvre, les boutons s'épanouissent, et voilà dix ou vingt fleurs admirables, des roses avec leur calice couvert de mousse, leur corolle aux cent pétales, leurs étamines, leur couleur éclatante et leur odeur suave.

En vérité, je vous le dis, jamais Salomon, dans toute sa gloire, n'a été revêtu de tissus aussi fins et aussi beaux que la rose du jardin et le lis des champs. *(Luc,* XII, 27).

Vous donc qui n'auriez pas vu Dieu dans le magnifique spectacle qu'étale à vos yeux l'univers, venez avec moi et je vous le montrerai dans une plante, dans le rosier qui est à votre jardin.

Quand vous entrez dans un salon richement décoré et que vous voyez un vase au milieu des ornements qui embellissent la console de la cheminée, dans ce vase un rosier artificiel avec sa tige, ses rameaux, ses feuilles, ses boutons et ses roses-mousses parfaitement imitées, vous vient-il à l'idée que cette tige s'est plantée d'elle-même dans ce vase, que les rameaux se sont liés de leur propre mouvement à la tige, que les feuilles sont venues s'unir aux rameaux, que les boutons se sont mis là on ne sait comment, qu'une étoffe très fine s'est coloriée en rose, qu'elle s'est découpée, et que les pétales sont venus se ranger les uns à côté des autres, de manière à former des fleurs que l'on croirait naturelles? Oh! non, les rosiers artificiels ne se font pas ainsi. Pour faire celui dont je vous parle, il a fallu une fleuriste habile qui en a conçu le plan, s'est pourvue de tout ce qui était nécessaire pour l'exécuter, a préparé chaque chose l'une après l'autre avec beaucoup de soin, a réuni toutes les parties, de manière à faire ce tout si charmant qui excite notre admiration.

Si un rosier artificiel ne peut s'expliquer sans une sagesse qui a présidé à sa formation, à plus forte raison le rosier naturel ne peut-il se comprendre sans une sagesse quelconque, puisqu'il est bien plus étonnant que le rosier artificiel que nous avons mis en question. Celui-ci est un chef-d'œuvre, parce qu'il imite seulement la forme extérieure du rosier naturel; mais il n'imite pas toute cette vie intérieure dans laquelle se révèlent des milliers et des millions de combinaisons admirables.

Cette sagesse qui surpasse toutes les sagesses humaines n'est pas le rosier lui-même, il est privé de sens. La terre, l'eau, l'air et la lumière dans lesquels se puisent les éléments qui concourent à la formation du rosier, sont comme lui privés d'intelligence et ne peuvent prétendre à l'honneur de l'avoir produit. Le jardinier lui-même, loin d'être l'auteur des merveilles que nous admirons dans le rosier, ne sait pas s'en rendre compte, et il vous dira avec un apôtre: *Celui qui plante et celui qui arrose ne sont rien; ce qu'il faut admirer ici, c'est Dieu qui donne aux plantes la vie et l'accroissement.* (1, Cor. III,7).

CHAPITRE III.

Utilité des Plantes.

Les catalogues actuels de la botanique portent à près de quatre-vingt mille le chiffre des familles des plantes connues, et on peut dire que près de vingt mille espèces ont échappé jusqu'ici à nos classifications. Le nombre des plantes de toutes familles qui couvrent la terre et tapissent les bassins des lacs et des mers est approximativement de cent mille milliards.

Tout le monde sait de quelle nécessité sont les plantes, et il n'est personne qui ne comprenne que sans elles il n'y aurait point de vie possible, que les animaux périraient tous, et que l'homme lui-même serait condamné à une mort inévitable.

Il n'est pas moins évident que les plantes satisfont à tous les besoins, et que non seulement elles fournissent le nécessaire aux créatures vivantes, mais qu'elles leur prodiguent encore l'utile et l'agréable, avec un à-propos que nous ne saurions trop admirer.

La plupart des plantes sont à l'usage presque exclusif des animaux, parce que c'est là que sont les besoins les plus nombreux.

Vous ne saviez peut-être pas pourquoi cette infinie variété d'arbres, d'arbrisseaux et d'herbes se présentent à vous de toute part? vous n'y aviez vu peut-être qu'une parure et qu'un jeu de la toute-puissance de Dieu: c'est encore une table abondamment servie, où les oiseaux du ciel, les poissons de la mer et les animaux qui peuplent la terre sont invités à prendre chacun le mets qui leur convient.

Des plantes en grand nombre sont plus spécialement réservées à l'homme, et cette dernière classe se compose généralement des plus belles.

Les unes, comme le lin et le coton, lui fourniront des vêtements pour se couvrir, et les autres lui apporteront, avec une inépuisable fécondité, les fruits qui doivent le nourrir : le froment et le raisin, la pomme et la poire, l'orange et la cerise, la pêche et la fraise délicieuse. Il en est qui lui donneront en abondance de quoi sustenter ses foyers; d'autres lui serviront pour la construction de ses demeures, et se prêteront à tous les besoins de son industrie. L'acajou, l'ébène et le palissandre lui donneront de splendides et royaux ameublements.

Que de remèdes pour nos maux dans les feuilles et les sucs des plantes! Si nous connaissions toutes les vertus des végétaux, nous trouverions en eux les plus heureux préservatifs et les médicaments les plus propres à guérir nos maladies; les herbes les plus humbles et les plus chétives en apparence seraient pour nous comme tout autant de trésors.

En fournissant à tous nos besoins, les plantes nous prodiguent tous les agréments. Dans leurs formes diverses, quelle étonnante variété propre à charmer notre œil! Celles-ci s'élèvent jusque dans les nues et nous invitent au repos à l'ombre de leurs rameaux touffus; d'autres rampent sur la terre, qu'elles couvrent comme d'un riche tapis. Que de coupes différentes dans les diverses familles! La variété existe jusque dans les individus de même espèce. Vous trouverez souvent une forêt plantée de mêmes arbres : les racines, le tronc, les branches, les rameaux, les fleurs, les fruits, tout est fait sur un même plan, et vous aurez de la peine à trouver deux feuilles qui se ressemblent parfaitement. Parlerons-nous des couleurs : du beau vert des feuilles, si propre à reposer l'œil et nuancé à l'infini; des tissus empourprés de la renoncule, de la tulipe et du dahlia? Que dire encore de la violette et de l'œillet, du lis et de la rose, dont le parfum l'emporte sur le brillant et les charmes de la forme et du coloris?

N'oublions pas d'observer que les plantes

ont la vertu de se multiplier en proportion de leur utilité. Il n'est pas d'arbrisseau qui puisse se propager aussi facilement que la vigne. Un seul grain de blé, par une culture bien entendue, peut donner douze tiges dont chacune porte un épi, garni de plus de cinquante grains. On a trouvé jusqu'à cinquante tiges sur le même pied ; ce qui donne jusqu'à deux mille cinq cents grains pour un. Pline rapporte que Néron en avait reçu un sur lequel on voyait trois cent soixante tiges.

Remarquons encore les rapports des plantes avec les besoins particuliers de chaque climat. Dans les pays froids, et sur le sommet des âpres montagnes croissent les forêts, les sapins, les cèdres et tant d'autres arbres résineux qui, en donnant à l'homme des neiges toute facilité pour se construire des demeures, lui fournissent encore un abondant entretien de ses foyers et même des flambeaux pour l'éclairer pendant les longues nuits d'hiver. Dans les pays les plus chauds, les arbres auront des feuilles plus larges et des fruits plus rafraîchissants. Sous la zône torride, on verra une espèce de figuier qui, non content de désaltérer par son fruit, présentera encore des parasols pour des villages entiers.

Seigneur, les yeux de toutes vos créatures sont fixés sur vous, chacune vous demande de lui donner sa nourriture en temps oppor-

tun, et, *dans votre bonté, vous ouvrez votre main libérale, et tout ce qui vit est comblé de vos dons.* (Ps. CXLIV, 14, 15).

CHAPITRE IV.

Un nid d'oiseaux.

Venez près de ce nid charmant que le chardonneret, la fauvette ou le rossignol ont déposé dans le bocage voisin de votre demeure. Oh mon Dieu! pourquoi donc sommes-nous si oublieux, pour ne prêter aucune attention à des prodiges si grands!

Voilà donc qu'une fauvette s'est mise à pondre des œufs. Pendant trois semaines elle les réchauffe sous son aile. Bientôt ils se fendent, et un petit oiseau sort. Les plumes le revêtiront, et son habit sera en tout semblable à celui de sa mère. Déjà il répond à ses chants, et il s'essaie à voler comme elle. Un matin l'heureuse mère donne le signal à toute la nichée, et la tendre famille, pleine d'allégresse enfantine, prend son premier essor. Encore quelques jours, et ces petits oiseaux seront aguerris comme leur mère, et ils sauront tout ce qu'elle sait sans l'avoir appris. S'ils ne peuvent supporter l'hiver, ils iront chercher des climats plus doux, reviendront l'année prochaine et auront eux-mêmes chacun une famille.

Cher lecteur, que de questions j'aurais à vous faire ici ! Savez-vous comment l'œuf s'est formé dans le sein de la fauvette ? Elle n'en sait rien ; en savez-vous plus qu'elle ? Comment un petit oiseau, semblable à sa mère, s'est-il formé dans l'œuf, pendant que la fauvette couvait ? Elle l'ignore ; êtes-vous plus instruit qu'elle sur cet objet ? Comment les plumes sont-elles venues revêtir cet oiseau et former à ses côtés deux rames admirables, pour le faire voguer dans le vide des airs ? Qui lui a appris à chanter ? et comment se fait-il qu'il sait une multitude de choses qu'on ne lui a pas enseignées ? *Est-il possible à un homme de douter que Dieu n'ait opéré toutes ces merveilles ?* (Job, XII, 9).

Impies, qui voudriez que je ne visse pas Dieu partout où il est, parce que sa présence vous importune, ne venez pas me dire qu'un animal est l'œuvre du hasard. « Si on trou-
« vait une montre dans les sables d'Afrique,
« on n'oserait pas dire sérieusement que le
« hasard l'a formée dans ces lieux déserts ;
« et on n'a point honte de dire que les corps
« des animaux, à l'art desquels nulle montre
« ne peut jamais être comparée, sont des
« caprices du hasard (1) ! » La montre ne vit

(1) Fénelon. *Traité de l'existence et des attributs de Dieu.*

pas, et l'animal vit ; il marche de lui-même, il sent, il voit et il entend.

Seigneur, je vous reconnais dans chacun des êtres vivants ; aucun d'eux ne peut s'expliquer sans *Celui qui tient dans ses mains la vie de tout ce qui respire.* (Job, XII, 10). Votre puissance est toujours en activité et votre sagesse est continuellement en jeu autour de moi. Je vous adore et me rappellerai que je ne suis jamais éloigné de vous, puisque vous travaillez tout autour de moi et que vous produisez sous mes yeux mêmes des merveilles innombrables.

CHAPITRE V.

L'instinct des animaux.

L'instinct dirige l'animal vers tout ce qui peut contribuer à le sustenter, et il devine très bien si une chose lui convient ou ne lui convient pas, comme le prouve l'expérience journalière.

Il connaît même, par instinct, ce qui pourra le préserver d'une maladie ou le guérir de quelque mal ; c'est pourquoi nous voyons des animaux qui, sans avoir étudié la botanique, recherchent des plantes qui leur serviront de remède. Ils ont même souvent contribué à étendre nos connaissances sur les vertus salutaires des végétaux.

Les oiseaux se retirent sous le feuillage et cherchent un abri quand une tempête menace: les abeilles ne sortent pas de leur ruche quand le beau temps n'est pas assuré; le cerf et le lièvre fuient précipitamment devant le chasseur, parce que l'instinct fait prévoir le danger aux animaux.

S'ils sont attaqués, il leur suggère de quelle manière ils doivent se défendre. Le taureau sait par instinct que sa force est dans ses cornes, et il présente toujours la tête à l'ennemi. L'âne, tout stupide qu'il est, sait qu'il se défendra mieux avec les pieds de son arrière-train qu'avec la tête, et c'est par son côté fort qu'il accepte le combat. Quand, après une lutte opiniâtre et violente contre une caravane, le lion des déserts d'Afrique se sent affaibli, il bat en retraite et, sans jamais tourner le dos, il recule en poussant des rugissements terribles, se bat les flancs de sa queue et en bat la terre, agite sa crinière, fait mouvoir la peau de sa face, remue ses gros sourcils, montre des dents menaçantes, tire sa langue armée de pointes, laisse ainsi l'ennemi épouvanté de sa victoire et lui enlève toute envie d'en profiter.

Plus les animaux sont faibles, plus leur

instinct les sert pour la défense. Nous avons tous vu de petits oiseaux se grouper pour faire la guerre à un épervier, et les corbeaux s'associer pour livrer à l'aigle une bataille rangée.

Qui ne connaît ce qui se passe chez les grues ? « Chez elles, dit saint Ambroise, il y a une certaine police et milice naturelle, qui, chez nous, est forcée et servile. Avec quelle exactitude volontaire et non-commandée les grues montent la garde la nuit! Les unes font les fonctions de sentinelles : tandis que leurs compagnes reposent, elles font la ronde et explorent si on ne tente pas quelques embûches, et chacune des veilleuses s'emploie avec un soin infatigable à la sûreté commune. Son heure de veiller est-elle accomplie, a-t-elle fait son devoir, elle se dispose au sommeil après avoir donné un signal pour réveiller une autre qui dort et à qui elle remet son poste. Cette autre l'occupe aussitôt sans se faire presser; la douceur du sommeil qu'il faut interrompre ne la rend ni revêche, ni paresseuse. Elle remplit diligemment son devoir et rend à ses compagnes le service qu'elle en a reçu, avec exactitude pour exactitude, affection pour affection (1). »

Les animaux devinent, par instinct, si un climat est ou n'est pas en rapport avec leurs

(1) S. Ambroise, in hexaem; Liv. V, c. 15.

besoins, et ils vivent tous sous le ciel qui leur convient. Chose étonnante! ils sauront même si un pays leur va pendant une partie de l'année, et s'il ne peut pas leur aller pendant un autre; et, comme s'ils prévoyaient parfaitement la succession des saisons et leurs effets, comme s'ils avaient les connaissances les plus étendues en géographie, ils font, du Nord au Midi, et en temps opportun, des migrations qui dépassent toutes nos idées.

Il y a des oiseaux, tels que les bécasses, qui nous quittent au printemps, pour revenir avec les frimas; le plus grand nombre nous quitte à l'automne pour revenir au printemps. Les hirondelles iront jusqu'au Sénégal, et les cailles se partageront entre l'Afrique et l'Asie.

Nous ne pouvons oublier ici une admirable industrie d'un grand nombre d'oiseaux voyageurs. Ils vont en groupe, et s'avancent en forme de triangle pour fendre l'air avec plus de facilité. Quand celui qui a été à la tête du bataillon a fait son temps, il se retire à la queue et laisse au suivant la charge de conduire la troupe.

Je passerai sous silence les fourmis et leur république, les abeilles et leur monarchie, le castor et ses industries; il me tarde de dire un mot de ce que l'instinct inspire aux animaux de savoir-faire et de dévouement, pour la conservation de leurs petits.

Tous les oiseaux font leur nid plus ou moins grand, selon que leurs petits sont plus ou moins gros et nombreux. Ils le placent tous à leur convenance : les uns, au milieu des prés et des moissons ; les autres, dans un bosquet touffu ; ceux-ci dans le creux d'un arbre planté au milieu d'un verger ; ceux-là sur les hauts sapins des forêts, ou dans la cavité d'un rocher. L'architecture n'est pas la même pour tous, et les soins de l'exécution sont relatifs à la délicatesse des espèces. L'aigle et la cigogne construiront leur nid avec des branches d'arbres. Le geai, le merle et la grive le feront avec des brins d'herbe, de la mousse et du ciment. Aux brins d'herbe, les petits oiseaux ajouteront du crin, de la laine et des plumes, et, quand ils ne sauront plus où trouver de molles fourrures, on les verra s'arracher leur propre duvet.

Qui n'admirerait dans les oiseaux les prodiges de dévouement paternel et surtout maternel ? Comme ils réchauffent leurs petits qui n'ont pas encore de plumes ! Quelle activité pour leur procurer une nourriture abondante et convenable ? Quelle vigilance pour écarter d'eux les dangers, et souvent quel courage et quel héroïsme à les défendre ! Si l'objet de leur amour vient à leur être ravi, quelle douleur ! quels accents plaintifs pousse la pauvre mère désolée !

C'est la poule, qui se promène dans nos basses-cours, suivie de sa nombreuse famille. Elle l'appelle à sa suite, et si l'un de ses poussins vient à s'écarter, elle court aussitôt le chercher. A-t-elle trouvé quelque nourriture, elle pousse un cri de joie, les petits accourent; tout est pour eux, elle ne garde rien pour elle. Si son œil toujours vigilant vient à apercevoir un épervier à l'horizon, elle fait entendre un cri de détresse, et court avec sa famille se cacher dans quelque retraite. Si la pluie tombe et si le froid se fait sentir, elle rassemble et réchauffe ses petits sous ses ailes, heureuse de s'oublier pour ne penser qu'à eux. Cependant, elle est toujours inquiète, son amour lui fait craindre les surprises d'un ennemi. Paraît-il? quelque redoutable qu'il soit, elle se présente, se place entre lui et sa famille, l'attend les plumes hérissées, s'élance sur lui, l'attaque avec le bec et les ongles en poussant de grands cris, et on la verra prête à mourir pour sauver ses petits. Pourquoi donc les poëtes ont-ils jusqu'ici refusé une place à la poule, dans la grande poésie? Mais ne nous plaignons pas trop du sort qui lui a été fait: l'amour maternel de la poule est exalté dans l'Evangile, et le Sauveur du monde n'a pas dédaigné de se comparer à elle. Voulant reprocher à Jérusalem son ingratitude, il lui disait:

Jérusalem, Jérusalem, combien de fois j'ai voulu rassembler tes enfants, comme la poule rassemble ses petits sous ses ailes, et tu ne l'as pas voulu! (Math. XXIII, 37).

« Il faut trouver une merveilleuse raison,
« dit Fénélon, en parlant de l'instinct des
« animaux, ou dans l'ouvrage ou dans
« l'ouvrier, ou dans la machine ou dans celui
« qui l'a composée. Par exemple, quand je
« vois dans une montre une justesse sur les
« heures, qui surpasse toutes mes connais-
« sances, je conclus que si la montre ne rai-
« sonne pas, il faut qu'elle ait été formée par
« un ouvrier qui raisonne, en ce genre, plus
« juste que moi. Tout de même, quand je
« vois des bêtes qui font à toute heure des
« choses où il paraît une industrie plus sûre
« que la mienne, je conclus aussitôt que cette
« industrie si merveilleuse doit être néces-
« sairement ou dans la machine, ou dans
« l'inventeur qui l'a fabriquée. Est-elle dans
« l'animal même? Quelle apparence y a-t-il
« qu'il soit si savant et si infaillible en cer-
« taines choses? Si cette industrie n'est pas
« en lui, il faut qu'elle soit dans l'ouvrier
« qui a fait cet ouvrage, comme tout l'art de
« la montre est dans la tête de l'horloger (1). »

O sagesse! ô bonté suprême! Vous qui

(1) *Traité de l'existence et des attributs de Dieu*; 1re partie, ch. 2.

communiquez des impulsions si salutaires à des animaux stupides, communiquez à mon ame les impulsions de votre grâce, pour qu'elle vous aime par-dessus tout et parvienne aux destinées que vous lui avez faites.

CHAPITRE VI.

Services que nous rendent les animaux.

On peut hasarder le chiffre énorme de cent mille milliards pour évaluer approximativement le nombre des plantes qui composent le règne végétal ; mais aucun chiffre ne peut être énoncé pour le règne animal, dont le dénombrement échappe à tous les calculs de la science.

Il est des animaux microscopiques dont mille millions n'égalent pas le volume d'un grain de sable ordinaire, et ces animaux-là remplissent des marais, des lacs et même des océans.

Que de services ne rendent pas à l'homme les animaux ! Ils lui prêtent leur agilité et leur force, lui servent de monture, traînent ses chars et tracent avec lui le sillon que couvrira bientôt une riche moisson. Ils lui donnent en abondance le duvet, la laine, et les riches fourrures pour le garantir contre le froid. Les uns lui fournissent le lait dont il fera sortir le beurre et le fromage ; d'autres lui pondent des œufs. Il en est même qui lui feront des confitures au goût suave, comme le miel du Mont-Blanc et du Mont-Ida. Il trouve, dans la chair du plus grand nombre, une nourriture substantielle et souvent délicieuse, comme la grive, la caille, la bécasse, la perdrix et les ortolans de toutes espèces. Ceux-ci réjouissent son œil par la variété des formes et des couleurs qui le disputent à celles de l'arc-en-ciel ; ceux-là charment son oreille par des chants harmonieux, que nos artistes admirent sans pouvoir les reproduire. Un grand nombre anime nos viviers ; d'autres, comme le cerf, le chevreuil et le lièvre, remplissent nos parcs et nos forêts, et convient l'homme au divertissement de la chasse, que les rois eux-mêmes ne dédaigneront pas.

Une chenille nous donne la soie ; un quadrupède fournit aux empereurs et à tous les potentats l'hermine de leurs manteaux ; un escargot de mer leur donne la pourpre ; un oiseau porte les plumes qui décorent leur couronne. Le corail est l'ouvrage de petits insectes marins, et les perles, auxquelles nous donnons un si grand prix, sont le fruit de la sueur d'une huître de l'Océan.

Et voyez comme Dieu pousse les animaux,

sans qu'ils s'en doutent, à remplir leur mission de bienfaisance.

Les harengs et les morues, qui servent de nourriture à des millions d'hommes, habitent les glaces du Nord, et il n'est pas facile de les saisir dans leur patrie naturelle. Chose admirable ! tous les ans, en des temps marqués, poursuivis, à ce qu'il paraît, par des baleines, ou attirés par des insectes et de petits poissons, ils se groupent par milliards à la suite de quelques chefs et viennent se promener le long des côtes de l'Europe et sur les bancs de Terre-Neuve, où de nombreux pêcheurs les attendent. Ceux qui ont échappé aux filets regagnent les mers glaciales, s'y multiplient prodigieusement, reviennent l'année suivante et répondent encore à tous les désirs des pêcheurs.

Les animaux qui habitent la terre, et ceux qui volent dans les airs, se montrent encore plus empressés que les habitants de l'Océan à venir au devant des besoins de l'homme. Tous ceux qui sont le plus propres à le servir et à lui être utiles aiment sa société, et sont assidus à former sa cour. Ce n'est pas assez : le cheval, l'âne et le chien ; la génisse, la chèvre et la brebis ; la poule, le canard, la colombe, et bien d'autres encore, sont fiers d'être nos *domestiques* et se montrent tout heureux de nous servir.

La poule qui vient de pondre un œuf s'empresse d'en avertir son maître, en entonnant un hymne de joie sur le bord même du nid où elle vient de déposer son présent.

Au retour des champs, la génisse dit en mugissant qu'il est temps de la traire et que ce n'est pas en vain que le fermier l'a mise dans de gras pâturages.

Le cheval, à l'instinct impérieux et à la démarche si fière, aime l'homme, et il n'est jamais plus heureux que lorsqu'il le porte, serait-ce dans le hasard du combat. Au son des armes, le coursier qui porte un guerrier se redresse avec fierté, balance sur son cou sa crinière ondoyante, *bondit comme la sauterelle. Son fier hennissement répand la terreur. Il creuse du pied la terre, il s'élance avec orgueil, il court au devant de l'ennemi. Intrépide, il se rit de la peur, il affronte le tranchant du glaive. Sur lui, le bruit du carquois retentit, la flamme de la lance et du javelot étincelle. Il bouillonne, il frémit, il dévore la terre. Après un moment de trêve, a-t-il entendu la trompette? c'est elle. Il dit : Allons! et de loin il respire le combat, la voix tonnante des chefs et le fracas des armes.* (Job, XXXIX, 20, 21, 22, 23, 24, 25).

Le chien est, sans contredit, notre meilleur ami dans tout le règne animal. Il garde les troupeaux de son maître et lui assujettit les bêtes des forêts. Il veille autour de sa demeure, s'afflige de son absence et saute de joie à son retour. Il l'accompagne jusque dans ses courses lointaines, le défend au péril de sa vie, et s'il n'a pu le sauver des fureurs d'un meurtrier, il parviendra peut-être à faire connaître le coupable à la justice humaine. L'opulence ou la pauvreté de celui qu'il sert n'ont aucune influence sur son dévouement, on le verra même lécher la main qui vient de le battre.

Un homme est-il réduit à la mendicité et devenu aveugle ? un petit chien le conduira par un lien le long des chemins et des rues, sollicitera pour son maître la pitié des passants et leur présentera la cébile d'osier qu'il tient à sa gueule.

Qu'est-ce donc que l'homme, ô mon Dieu, pour qu'il ait tant de part à vos délicates attentions et qu'il soit l'objet de tant d'égards? Vous avez voulu que tous les êtres vivants fussent à ses pieds et qu'il jouit en souverain des brebis, des bœufs, de tous les troupeaux qui paissent dans les champs, des oiseaux du ciel et des poissons qui se promènent dans toutes les voi s de la mer. (Ps. VIII, 5, 8, 9). C'est par votre ordre que les animaux forment votre cour. Œuvres du Seigneur, bénissez-le, louez-le, exaltez-le de siècles en siècles !

CHAPITRE VII.

Le Renne et le Chameau.

N'oublions pas les tendres attentions de Dieu pour donner à l'homme des animaux domestiques qui fussent en rapport avec chaque climat.

Dans les régions septentrionales, où la neige couvre la terre dès le commencement de l'automne jusqu'à la fin du printemps, où la ronce, le genièvre et la mousse sont seuls la verdure de l'été, le cheval, le bœuf, la brebis ne pouvaient subsister : Dieu les a remplacés par le *lama*, l'*élan* et le *renne*.

Ne parlons que de celui-ci. Le renne est une espèce de cerf qui ne craint pas les frimas et qui se contente, pendant l'hiver, d'une mousse blanche qu'il sait trouver sous les neiges entassées, en les fouillant avec son bois et en les détournant avec ses pieds. Lui seul rend aux Lapons les services les plus multipliés. Il conduit les traîneaux et les voitures. Avec son pied large et agile, il court avec autant d'assurance sur la neige que sur une pelouse, et fait aisément trente lieues par jour. Il est vêtu d'une laine abondante, propre à faire d'excellentes fourrures. Il donne du lait plus substantiel et plus nourrissant que celui de la vache, et sa chair est très bonne à manger. Dans ce charmant animal, la peau, les nerfs, les os, les cornes des pieds, les bois, tout est bon et utile. Aussi les plus riches Lapons ont-ils des troupeaux de quatre ou cinq cents rennes, et les plus pauvres en ont au moins dix ou douze.

Des glaces du nord, passons dans les déserts et les régions embrasées du midi. Ici, nous trouverons l'éléphant, le chameau et bien d'autres animaux faits pour être les domestiques de l'homme et qui bravent la chaleur comme le *lama*, l'*élan* et le *renne* bravent les rigueurs du froid.

Le chameau! quelle fortune pour les hommes qui vivent ou voyagent dans les déserts! Qu'on se figure un pays sans verdure et sans eau, un soleil brûlant, un ciel toujours sec, des plaines sablonneuses, des montagnes encore plus arides, sur lesquels l'œil s'étend et le regard se perd sans pouvoir s'arrêter sur aucun objet vivant. Là, le renne périrait, aucun de nos animaux domestiques ne pourrait subsister; ils sont remplacés par cet animal que les Arabes regardent comme sacré et sans le secours duquel ils ne pourraient ni subsister, ni commercer, ni voyager. Le pied du chameau est taillé pour marcher au milieu des sables, et on peut le nourrir avec un peu de pâtes et de fruits secs. Il reste quelquefois neuf jours et davantage sans boire, et s'il se trouve un peu d'eau à quelque distance de son chemin, il la sent de plus d'une demi-lieue, double le pas, boit d'un seul coup pour tout le temps passé et pour autant de temps à l'avenir, grâce à un réservoir intérieur qu'on ne connaît qu'à lui seul. Le lait du chameau fait la nourriture ordinaire des Arabes ; son poil fin et moelleux leur sert à faire des étoffes dont ils s'habillent et se meublent ; ils mangent sa chair, qui est très bonne à leur goût. Avec lui, non-seulement ils ne manquent de rien, mais encore ils ne craignent rien ; ils peuvent lui faire porter de mille à douze cents livres et mettre en un seul jour cinquante lieues de désert entre eux et leurs ennemis.

Seigneur, notre Dieu, que votre bonté pour nous est admirable dans tous les lieux de la terre! (Ps. VIII, 2). Pourquoi donc, Seigneur, les hommes sont-ils si oublieux de vos bienfaits ?

CHAPITRE VIII.

Le Feu.

Le Feu nous était nécessaire pour nous éclairer pendant la nuit et nous réchauffer en hiver.

Il nous était indispensable encore pour cuire nos aliments, dompter les métaux et multiplier nos forces par l'industrie; il devait même nous être très utile pour accélérer nos moyens de communication en nous donnant la vapeur.

Quelques feux seulement n'auraient pas suffi pour l'usage des hommes. Comme chacun d'eux en a besoin pour s'éclairer, pour se réchauffer et pour tant d'autres usages, il fallait mettre le Feu sous la main de tous. C'est là ce qui a été fait.

Mais ici se rencontrait un grand danger. Le feu est un élément terrible; le mettre sous la main de tous, n'est-ce pas incendier la terre? Ne craignez pas! Celui qui a résolu tant d'autres problèmes saura résoudre encore ceux des éléments. Tout en étant à l'usage de l'humanité tout entière, le Feu sera contenu de telle sorte qu'il n'y aura rien à craindre pour la Terre.

Sans parler des grands brasiers concentrés

sous la base des montagnes, Dieu mettra du feu dans toutes les pierres, dans les plantes et dans les animaux. L'air et les nuages eux-mêmes contiendront des foyers, et quand tout autre moyen manquera à l'homme pour se procurer du feu, il pourra en prendre au soleil, au moyen de la lentille.

Cher lecteur, sauriez-vous me dire comment tant de foyers restent dans tous les corps à l'état de *feux couverts*, et ne les consument pas? Pourriez-vous m'expliquer comment il se fait que tous les feux qui ont été donnés à la terre ne s'épuisent jamais, malgré la prodigieuse consommation qui s'en fait depuis un si grand nombre de siècles?

O puissance, ô sagesse, ô bonté de Dieu! il faut se bander les yeux pour ne pas vous voir à la clarté de tous les feux que vous avez distribués dans le monde.

Cependant, comme il devait y avoir dans la nature des choses soumises à des règles fixes, pour montrer la sagesse du Créateur, il devait y en avoir aussi qui, tout en exaltant sa sagesse, proclamassent son indépendance et la pleine liberté où il est de nous faire ses dons.

Si l'homme avait joui paisiblement des libéralités de Dieu sans être jamais menacé d'en être privé, il se serait imaginé que le Très-Haut recevait peut-être des lois de la matière, qu'il obéissait à la nécessité et qu'il n'était pas libre dans ses bienfaits.

Les dons de Dieu auraient, du reste, été moins appréciés, s'ils n'avaient eu leurs contrastes.

Il importait donc à la gloire du Créateur, et même au bonheur de l'homme, qui consiste dans sa subordination à Dieu, de faire éclater l'indépendance et la liberté divine à l'égal de la puissance, de la sagesse et de la bonté, et de retenir les hommes dans le devoir par la crainte, *qui est le commencement de la sagesse* (Eccl. I, 16).

C'est pourquoi il fut dit aux feux cachés dans les nuages de sillonner le ciel, de faire des éclats de tonnerre, de tomber sur les montagnes et sur les habitations des hommes, pour qu'ils sussent bien que Celui qui est aux cieux fait ce qu'il veut de la matière et des éléments, qu'il peut semer ou la mort ou la vie, et que, s'il comble les mortels de ses dons, ils ne les doivent qu'à sa bonté.

Il fut dit aux feux souterrains de prendre la Terre par les pôles pour la secouer, de soulever les montagnes et de mettre leur base là où d'abord était leur crête, de renverser de temps en temps les cités et de mettre en émoi les empires; de faire des explosions terribles et de lancer la mort et des océans de lave par le cratère des volcans.

O mon Dieu, que vous êtes grand!

Le feu marche devant vous, et, au signal que vous lui donnez, il tombe sur vos ennemis et les consume à l'instant. Vos éclairs sillonnent les cieux et font le tour de la terre, et leur seule vue fait trembler les nations. Les montagnes vomissent le feu et coulent comme la cire fondue en votre présence; si vous le vouliez, votre regard embraserait la terre tout entière. (Ps. xcvi, 3, 4, 5).

CHAPITRE IX.

L'Eau.

Il serait trop long d'énumérer ici les avantages qui nous reviennent de cet élément, puisqu'il est un agent universel. Qu'il nous suffise de dire que sans l'Eau toute vie végétale et animale disparaît du globe terrestre, qui se change en un immense et aride désert, et que la race humaine périt elle-même sans retour.

Il fallait à la Terre une prodigieuse quantité d'eau; aussi, près des trois quarts de la surface totale du globe en sont-ils couverts.

Mais la Terre ne sera-t-elle pas inondée par ces masses liquides qui s'étendent sur elle et qui la pénètrent à des profondeurs de plusieurs lieues?

Rassurez-vous! Les grands bassins des mers sont formés par des rochers qui leur servent de murs, et il a été dit aux eaux qu'elles viendraient jusque sur les sables du bord, et que là se briserait la fureur de leurs flots. (Job, XXXVIII, 11).

En restant enfermées dans leurs immenses bassins, les eaux devaient se corrompre; c'est pourquoi les mers ont été salées et rien au monde ne peut en altérer l'amertume.

Comme les égoûts des cités et les dépôts des fleuves vont se jeter dans les océans, le sel n'aurait pas suffi à conserver les eaux, si elles étaient restées stagnantes; c'est pour cela qu'elles sont en perpétuel mouvement. L'action combinée de la Lune et du Soleil brasse continuellement l'Océan. Chaque douze heures, il monte et descend, s'élève et s'abaisse, jusqu'à quarante ou cinquante pieds, comme sur les côtes de la Bretagne.

Les vents et les tempêtes viennent au secours des marées, entr'ouvrent les abîmes, saisissent les flots, les jettent contre les cieux et les laissent tomber avec fracas. On croirait voir ce laboureur intelligent qui remue ses grains mis en monceau, et les secoue dans les airs, pour empêcher qu'ils ne fermentent.

Ce n'était pas assez de contenir les eaux et de veiller à leur conservation, il fallait les distribuer, et même leur ôter l'amertume qui ne peut convenir à l'homme et à tant d'animaux. Voilà donc que le Soleil a reçu le pouvoir de les vaporiser en les adoucissant, et l'air, celui de s'en saturer tout en laissant à la mer son sel.

Chose singulière! plus l'air est chargé de vapeurs, moins il est pesant. Elles s'élèvent d'elles-mêmes dans les régions élevées de l'atmosphère, comme ces substances légères qui, jetées dans un vase d'eau, reviennent toujours à la surface. Les vapeurs amoncelées forment les nuages. Au contact de courants plus froids, les nuages se condensent, comme une éponge imbibée d'eau qu'une main presserait, et ils tombent en pluies bienfaisantes, pour arroser nos prairies et nos champs, et pour approvisionner nos citernes.

Ce n'est pas tout encore. Il fallait à la Terre des irrigations continuelles, car les pluies ne suffisaient pas pour l'arroser et répondre à tous les besoins. Aussi, voyons-nous les hautes montagnes arrêter les nuages qui, sur leurs sommités, se changent en pluie, en neige et en glace; et voilà des océans d'eau douce placés sur le penchant de nos monts et jusque sur la crête de nos rochers les plus élevés. Ces eaux ainsi rassemblées filtreront peu à peu dans les cavernes profondes ménagées jusque dans le sein des montagnes, et dans les réservoirs des hautes vallées. De là jailliront les sources, les sources formeront les ruisseaux, les ruisseaux feront les torrents, les torrents rassemblés produiront les rivières, les rivières se convertiront en fleuves, qui rentreront dans la mer, source première de toutes les eaux.

Des vapeurs nouvelles continueront à s'élever de l'Océan et de toutes les surfaces liquides, pour aller remplacer les eaux qui se sont écoulées, et la Terre entière sera ainsi perpétuellement arrosée.

Nous pourrions encore nous demander ici comment les pluies et les fleuves, qui se mêlent depuis tant de siècles aux ondes salées de la mer, n'en ont point affadi l'amertume conservatrice; comment les eaux, dénaturées de mille manières par de perpétuelles transformations, et mêlées depuis si longtemps à tous les égouts de la terre, ont pu conserver jusqu'ici leurs propriétés salutaires? Mais ces questions touchent aux secrets les plus profonds de la nature, et nous ne pouvons essayer d'y répondre sans nous engager dans des détails beaucoup trop longs et même inutiles.

Qu'il est beau, qu'il est magnifique le système d'irrigation du monde! Qui donc pourrait s'aveugler assez pour ne pas y voir une prévoyance à qui rien n'échappe, une bonté à qui rien ne coûte.

Cependant, il était bon que les eaux, comme le feu, ne fussent pas soumises en tout à des règles invariables.

Les sécheresses et les inondations, les irrégularités et les fureurs de l'élément liquide devaient aussi être un puissant moyen de forcer les hommes à lever leurs regards vers le Ciel.

Dieu dit donc aux nuages de se promener quelquefois dans l'espace sans laisser échapper même une seule goutte de rosée. Il ordonne à toutes les eaux supérieures et inférieures de s'entendre, pour entonner, en temps opportun, le cantique des tempêtes. Aussi, voyons-nous souvent les cataractes du ciel s'ouvrir pour inonder la terre ; les pluies se changer en grêle, les torrents et les fleuves déborder, les mers se courroucer, soulever leurs flots comme des montagnes, les faire s'entrechoquer les uns contre les autres et chanter dans leur mâle langage l'indépendance de Dieu.

Oh! que les mers sont belles, quand elles s'élèvent ainsi ! Comme Dieu apparaît majestueux au milieu de ces grands combats des eaux. (Ps. XCII, 4). Sa complète indépendance et sa liberté dans sa munificence ne font que mieux ressortir sa libéralité.

CHAPITRE X.

L'Air.

L'Air n'est pas moins nécessaire à la Terre que le Feu et l'Eau, qui nous ont été donnés avec une si admirable prodigalité.

Observons d'abord que le feu ne serait pas possible sans air, et que l'atmosphère qui, par sa compression, retient les eaux dans leurs grands bassins, leur sert de moyen de transport dans les diverses régions du globe terrestre.

Les plantes et les animaux vivent d'air et ne pourraient pas subsister sans lui.

Cet élément est encore la première et la plus indispensable nourriture de l'homme. Nous pourrions, sans mourir, nous passer d'aliments pendant deux ou trois jours; nous ne pouvons nous passer d'air, même un seul moment. Que Celui qui nous l'a donné le reprenne, et nous en prive pendant dix ou quinze minutes seulement, les huit cent millions d'hommes qui respirent tomberont asphyxiés, et ils seront morts dans un instant.

L'Air étant nécessaire à tout, et plus spécialement au feu, aux plantes, aux animaux et à l'homme, qui vit dans l'air comme les poissons dans l'eau, la quantité d'air devait être proportionnée à l'usage qui en est fait et à sa consommation. Aussi la Terre a-t-elle été mise dans l'atmosphère, vaste océan d'air qui nous enveloppe de toutes parts et s'élève jusqu'à plus de quinze ou seize lieues au-dessus de nos têtes.

Il importait de fixer l'air comme l'eau elle-même, autrement il se serait dissipé et perdu dans l'espace ; c'est pourquoi l'atmosphère est attachée, par sa pesanteur, tout autour de la Terre, et suit le globe terrestre dans toutes ses évolutions.

Il était nécessaire, pour la conservation de l'air et son renouvellement, que l'océan aérien fût agité comme l'océan des eaux, et nous voyons l'atmosphère en perpétuel mouvement. Sans parler des pluies qui traversent les airs, jour et nuit, des vents plus ou moins forts les agitent et les battent en tout sens.

On est surpris de penser que depuis des millions d'années que l'air est décomposé et se mêle à toutes les exhalaisons pestilentielles, il ait conservé sa pureté et sa vertu vivifiante ; c'est que tout a été admirablement ménagé dans la nature pour opérer le rassainissement et la reproduction continuelle de l'air, et, malgré l'énorme consommation qui s'en fait, il est toujours pur et en égale quantité.

Seigneur, j'ai reconnu votre puissance, votre sagesse et votre bonté dans les grandes *brasseries des eaux*, je les retrouve tout aussi éclatantes dans les *brasseries de l'air!*

Observons encore que les airs font la troisième partie du concert des éléments en l'honneur de l'indépendance du Très-Haut.

Ah! qu'ils sont solennels et grandioses les chants de l'atmosphère, quand les vents se rangent en bataille et forment les ouragans!

Cher lecteur, venez sur une montagne contempler un imposant et terrible spectacle. Voyez-vous ces vastes plaines qui sont à vos pieds? Comme elles sont belles, couvertes de leurs arbres touffus et de leurs riches moissons! Mais voilà que les vents se sont réunis à l'horizon — ils viennent en tourbillons furieux! Tout est renversé sur leur passage, les moissons sont détruites, les arbres sont déracinés, les toitures des maisons volent de toute part, et les cités sont ébranlées sur leurs fondements. Vous me demanderez peut-être : Pourquoi ces débris et ces ruines? pourquoi ces chênes séculaires couchés sur le chemin? Ne voyez-vous pas que l'indépendance de Dieu a passé par là!

La voyez-vous encore là-bas se promener sur tout un empire, semant à pleine main le trépas avec l'élément de la vie? Qu'est-ce que la peste? Dieu seul le sait;

mais les hommes, en présence du fléau dévastateur, sont obligés de reconnaître que ce n'est pas en vain que le *Dieu de la vie* s'est appelé *Dieu de la mort*, et qu'il n'est pas moins grand, quand il nous apparaît debout sur les tombeaux, que lorsque nous le voyons distribuer ses dons à pleines mains et veiller à la conservation de tout ce qu'il a créé.

C'est alors, Seigneur, que les hommes subjugués par votre puissance vous chantent leurs plus humbles cantiques; ils disent: *C'est le Seigneur qui donne la mort, et c'est lui qui donne la vie; il conduit au tombeau et il en retire qui il lui plaît.*

C'est lui qui fait le pauvre et qui fait le riche, comme bon lui semble; à lui est le droit de distribuer l'humiliation et la gloire. (I. Reg. II, 6, 7).

Pardonnez, Seigneur, pardonnez à votre peuple, et que votre colère, que nous avons provoquée, ne soit pas éternelle? (1).

---

(1) Parce, Domine, parce populo tuo, ne in æternum irascaris nobis. (*Rit.*)

CHAPITRE XI.

Le Soleil éclairant le monde.

Quel spectacle que celui du Soleil levant! Quelle impression ne ferait-il pas sur nous, si nous le voyions pour la première fois sortir de l'Océan ou surgir à la cime de nos monts? L'aurore l'annonce à l'orient : on dirait une messagère qui vient réveiller la Terre et faire sortir les hommes de leur demeure pour qu'ils assistent au lever du grand astre. Il paraît! soudain les montagnes se sont illuminées, et la nature semble prendre un habit de fête; les fleurs s'épanouissent, les animaux bondissent dans la plaine, les oiseaux chantent dans le feuillage, et le géant lumineux s'avance triomphalement à travers l'espace. Jamais roi, au jour de son alliance nuptiale, ne parut avec autant de splendeur et de majesté au milieu de son peuple. (*Ps.* XVIII, 6, 7). Aucun potentat ne distribua jamais sur son passage des bienfaits comparables à ceux que nous prodigue le soleil par sa lumière.

Nous lui devons les beautés de l'aurore, les charmes du crépuscule, l'azur du firmament et les torrents de clarté qui inondent les cieux. Si la terre et les mers, les montagnes et les plaines se dessinent à nos yeux; si les animaux, les plantes et les fleurs nous apparaissent avec leurs innombrables variétés de formes et de couleurs, ce sont là des bienfaits de la lumière qui nous vient du Soleil. « Ce grand astre, comme l'a dit un saint Père, « est l'œil du monde, l'agrément du jour, « la beauté du ciel, la grâce de la nature et « la gloire de la création (1). »

Enlevez au monde la bienfaisante lumière du Soleil, la lune et toutes les planètes se couvrent d'un immense crêpe noir et disparaissent à tout jamais; l'azur et les reflets magnifiques du ciel sont remplacés par l'obscurité de l'abîme ; la terre tombe dans des ténèbres profondes, et le splendide palais de l'homme n'est plus qu'un horrible cachot. Tout ce qui vit reste immobile : l'oiseau ne sait plus où diriger son vol, le quadrupède ne sait où porter ses pas; il n'y a plus de vie possible que pour les serpents qui vivent dans les tombeaux et les hiboux qui se plaisent dans les ruines; encore cette vie, sans la lumière, ne serait-elle pas de longue durée.

Tout en appréciant le bienfait de la lumière du Soleil, remarquons encore dans quelle mesure admirable elle nous est distribuée.

(1) S. Ambroise. *In hexam;* Lib. IV, c. 1.

Le soleil apparaît chaque jour pour le temps du travail, et se retire pour celui du repos. S'il venait et s'en allait tout-à-coup, nous serions éblouis le matin de sa subite splendeur et surpris le soir par la profondeur des ténèbres ; mais voilà que son apparition triomphale est précédée de l'aurore, et son coucher suivi du crépuscule. Quand la terre se prête à la culture, le soleil vient plus vite et demeure plus longtemps, et quand, en hiver, la terre se repose et se prépare à devenir féconde, il se lève plus tard et se couche plus tôt. Dans toutes ces vicissitudes, il fait maintenant en un lieu ce qu'il fera bientôt dans un autre, et tout est tellement disposé, que la terre entière n'a besoin que d'un seul soleil pour être convenablement éclairée. On croirait vraiment que ce bel astre connaît son coucher de chaque jour, et qu'il se rend compte à lui-même de la grande œuvre qu'il a mission d'accomplir.

Le degré d'intensité de la lumière du soleil ne mérite pas moins d'être admiré que sa merveilleuse distribution. Comme elle va bien à notre œil et à celui de tous les êtres qu'elle doit éclairer ! Si elle avait plus d'éclat, elle nous fatiguerait, et si elle était plus terne, elle porterait dans nos ames la tristesse et le deuil. Quand elle est plus vive, comme en été, la nature prend un manteau de verdure qui repose les yeux ; quand elle est plus faible, comme en hiver, surtout dans les pays nébuleux, la terre se couvre d'une neige blanche qui augmente la clarté.

<blockquote>
Toi qu'annonce l'aurore, admirable flambeau,
Astre toujours le même, astre toujours nouveau,
Par quel ordre, ô soleil ! viens-tu du sein de l'onde,
Nous rendre les rayons de ta clarté féconde (1) ?
</blockquote>

La réponse peut-elle être douteuse? Quel est l'homme doué de sens qui, entrant pour la première fois dans une ville magnifiquement éclairée au gaz, s'imaginerait que les becs se sont disposés tout seuls, que ces vives clartés qui sortent à l'extrémité de chaque bec se sont mises à briller d'elles-mêmes, que personne n'a pris soin de les distribuer de manière à former cet ensemble d'éclairage qui embrasse à la fois les places publiques, les rues et l'intérieur des demeures? En voyant une ville ainsi illuminée, tout homme sensé pensera aussitôt à l'éclaireur de la cité.

Ah! si un homme perfectionnait nos systèmes d'éclairage de manière à illuminer une ville avec un seul bec de gaz, nous lui élèverions des statues. Si un génie assez puissant trouvait le secret d'éclairer avec le même bec une province entière, nous lui donnerions aussitôt place parmi les plus grandes intelli-

---

(1) Louis Racine, *Poème de la Religion*.

gences qui ont illustré la terre, et nous le proclamerions l'un des bienfaiteurs les plus insignes de l'humanité.

Ce que les hommes n'ont jamais fait, Dieu le fit dès le commencement. Ne voyez-vous pas le grand bec de gaz suspendu à la voûte des cieux? Il n'éclaire pas seulement une ville, une province ou un royaume ; il éclaire tous les continents, toutes les mers et la terre entière. Que dis-je, il éclaire encore cent mondes comme le nôtre. Il se remue selon les exigences des temps et des lieux. Sa lumière est calculée d'après toutes les lois qui ont présidé à la confection de notre œil, et ne fatigue jamais notre odorat. Il y a six mille ans que le *grand luminaire* du ciel est en feu, et il a encore toute sa vie du premier jour.

Oui, Seigneur, votre sagesse brille à mes yeux avec un éclat qui l'emporte sur celui du soleil lui-même ; elle s'élève au-dessus des étoiles, et la lumière la plus brillante s'obscurcit devant elle. (Sap. VII, 1).

Que dirais-je de votre puissance! Comment pourrais-je assez bénir votre bonté!

Soyez loué, ô mon Dieu, par-delà tous les cieux que vous avez créés, et que votre gloire soit publiée sur toute l'étendue de la terre! (Ps. CVII, 6).

CHAPITRE XII.

Le Soleil réchauffant le monde.

Tout en éclairant la terre, le Soleil lui communique la chaleur et la vie.

Ne nous étonnons pas si, au lever du Soleil, les oiseaux chantent, les agneaux bondissent, les plantes relèvent leur tige, les fleurs s'épanouissent et se tournent vers le grand astre, la nature entière revêt un habit de fête et semble tressaillir d'allégresse ; car le Soleil est, par sa chaleur, la vie de tous les êtres organisés, ou, comme le disait un ancien, le cœur de l'univers (1).

Sans parler des autres planètes, qu'arriverait-il à la Terre si le Soleil venait à nous refuser sa chaleur ; nous accordât-il même sa lumière? Les torrents, les rivières, les fleuves, les lacs et les mers seraient glacés et durcis comme des rochers. Le sein si fécond de la terre serait aussitôt resserré comme le marbre. Les plantes périraient toutes, les animaux mourraient de froid, avant même de mourir de soif et de faim ; en quelques jours les huit cent millions d'hommes

---

(1) Theonis Smyrnæi Platonici, lib. *de Astronomia*.

qui peuplent le monde auraient disparu. Hélas! il ne faudrait pas même quelques jours pour opérer tous ces désastres. Que le Soleil nous refuse en ce moment même toute sa chaleur, la terre, changée instantanément en un bloc de granit, ne sera plus qu'un tombeau de dix mille lieues de tour, sur lequel on pourra écrire : *Ci-gît la race humaine, à qui le Soleil refusa sa chaleur.*

Oui, si les mers sont liquides et produisent les évaporations qui se convertissent en pluie; si les fleuves arrosent la terre, si les plantes germent, si les animaux vivent, si l'homme est debout pour régner dans un empire si plein de vie et de mouvement, il le doit à la chaleur vivifiante du Soleil.

Remarquez encore, dans la distribution de la chaleur, cette même sagesse que nous avons vue présider à la distribution de la lumière. Le Soleil se montre tantôt plus prodigue et tantôt plus avare de son calorique. Là fraîcheur de la nuit était utile, comme la chaleur du jour, aux plantes, aux animaux et à l'homme lui-même. L'hiver, en reposant la terre, en humectant et en approvisionnant les sources d'eau, était nécessaire comme l'été.

Le Soleil, du reste, devait prodiguer successivement sa chaleur à toutes les latitudes diverses pour lesquelles il avait été fait ; de là cette admirable succession de jours, de nuits et de saisons différentes qui apportent sans cesse des bienfaits nouveaux, diversifient continuellement la nature et forment eux seuls un immense poème en action, un drame si beau que les hommes qui l'ont vu ont de la peine à le reproduire, et que nous regardons comme des génies ceux qui ont réussi à nous en raconter quelques scènes.

L'astre du jour ne distribue pas les mêmes degrés de chaleur à toutes les contrées de la Terre, et de cette variété de distribution naissent les climats divers, sans lesquels ne pourraient exister toutes les espèces de plantes et d'animaux, qui font le plus bel ornement et la plus grande richesse de notre empire.

A toutes ces observations ajoutons-en une autre avec Fénelon. « Si le Soleil était plus
« grand, dans la même distance, il embrase-
« rait tout le monde : la terre s'en irait en
« poudre ; si, dans la même distance, il était
« moins grand, la terre serait toute glacée et
« inhabitable ; si, dans la même grandeur,
« il était plus voisin de nous, il nous en-
« flammerait ; si, dans la même grandeur,
« il était plus éloigné de nous, nous ne pour-
« rions vivre sur le globe terrestre faute de
« chaleur » (1). Tout donc a été admira-

(1) Fénelon. *Exist. de Dieu*; 1re partie, ch. 11.

blement calculé pour l'intensité qu'il convenait de donner à la chaleur, comme pour sa distribution.

Quelle magnificence dans vos œuvres, Seigneur ! quelle profondeur dans les plans sur lesquels vous les avez faites ! et cependant l'homme insensé ne remarquera pas votre sagesse et ne comprendra rien à ces grandes choses. (Ps. XCI, 6, 7).

Méchants, qui ne craignez pas d'insulter Dieu à son Soleil, au moment même où il vous inonde de ses clartés, vous vivifie de sa chaleur, vous mériteriez qu'il vous retirât ses dons et qu'il vous laissât mourir dans les glaces et dans les ténèbres.

CHAPITRE XIII.

Le Soleil marquant le temps.

Qu'il y ait deux luminaires dans le Ciel, dit le Seigneur, l'un plus grand pour présider au jour, et l'autre plus petit pour présider à la nuit ; qu'ils servent de signaux pour les temps et qu'ils marquent les jours et les années. (Gen. I, 14, 16).

Aussi toutes les nations règlent-elles leurs années, leurs jours et leurs heures sur ces deux grandes horloges. Les nations de l'Occident ont choisi de préférence l'horloge solaire et celles de l'Orient font usage de l'horloge lunaire. L'Eglise catholique les admet l'une et l'autre dans l'ordonnance de ses solennités. Les *fêtes fixes* sont réglées d'après le cours du Soleil, et les *fêtes mobiles* d'après celui de la Lune.

Ne parlons ici que de l'horloge solaire, puisque c'est elle qui est à notre usage journalier.

Le Soleil marque les siècles, et nous savons qu'il en a marqué déjà près de soixante. Il marque les années : il en a marqué 4004 avant la naissance du Messie, et bientôt 2000 depuis son heureuse venue. Il marque les mois à l'aide des douze signes du zodiaque échelonnés dans l'écliptique, comme les heures sur un cadran. Il marque les jours, les heures, les minutes, les secondes et les tierces.

L'horloge solaire marque si bien tout cela, et avec tant de précision, que, pour être justes, tous les calendriers et toutes les horloges de la terre doivent être réglés sur elle, se conformer aux jours, aux minutes, aux secondes et aux tierces qu'elle indique, sous peine de tomber dans l'erreur et la confusion des temps.

Il fut une époque où les horloges de la

terre ne se réglèrent pas avec assez de précision sur la grande horloge du ciel ; bientôt tous les calendriers furent faussés, et les peuples se trouvèrent en retard de dix jours dans leur comput. Pour réparer le mal, un souverain pontife, Grégoire XIII, ordonna la suppression de dix jours à l'année 1582, et le lendemain du 4 octobre fut appelé le 15.

Toute horloge suppose un horloger, et, dans l'horloger, une puissance et une sagesse proportionnées à la difficulté de l'exécution et à la perfection de l'œuvre.

Que dirions-nous de l'homme qui prétendrait nous prouver que ces horloges placées sur nos tours élevées, et qui servent à mesurer le temps dans nos cités, se sont faites toutes seules, qu'une poussière agitée sur nos places publiques s'est changée en métal, que le métal s'est disposé en roues de diverses formes et de différentes grandeurs, que les roues se sont unies dans un admirable ensemble, que tout le système a été mis en mouvement par un ressort ou par des poids qui se sont trouvés là, on ne sait comment ; que cette étonnante machine s'est prise d'elle-même à marquer les heures, et qu'il n'y a eu qu'à numéroter un cadran pour obtenir un résultat complet. Ah ! dirions-nous à cet homme : ce n'est pas ainsi que se font les horloges. Toute horloge suppose un horloger, et celui surtout qui inventa la première était doué d'une des plus grandes intelligences connues.

Si toute horloge suppose un horloger, si l'inventeur de l'horloge domestique est un génie, que dirons-nous de Celui qui fit la grande horloge du ciel, la première de toutes, le type et la régulatrice de toutes les autres?

Comparez la régularité des horloges des hommes à la régularité et à la précision de l'horloge solaire, dans laquelle on n'a jamais surpris l'écart d'une seconde. Les hommes, avec leurs balanciers, leurs poids et leurs ressorts, n'ont pu donner à leurs horloges que des mouvements de quelques jours, et il est nécessaire de les remonter très souvent ; l'horloge solaire a son mouvement depuis six mille ans, et on ne la remonte jamais. Les rouages de nos horloges s'altèrent, malgré toutes nos précautions, et une poussière, qui souvent échappe à notre œil, suffit pour les arrêter; les rouages de l'horloge du ciel sont toujours les mêmes, et ne s'altèrent point dans leur course précipitée ; les vents et les tempêtes se joueront au milieu d'eux, des mondes comme des comètes viendront les traverser, et leur mouvement sera toujours le même, ni plus lent, ni plus accéléré. C'est à peine si les horloges les plus considérables des hommes suffisent pour une petite ville, l'horloge solaire suffit à la terre entière : les cinq parties du monde n'ont qu'à regarder, pour prendre l'heure juste, l'heure du ciel. Voyez quel cadran ! il embrasse l'espace des cieux. Quelle aiguille ! c'est le Soleil lui-même qui, en réalité, reste immobile dans le centre de la grande horloge pour y servir de ressort, et fait cependant les fonctions d'une aiguille qui se meut avec une étonnante rapidité.

Oui, c'est un Dieu caché que le Dieu qu'il faut
[croire ;]
Mais tout caché qu'il est, pour révéler sa gloire,
Quels témoins éclatants devant moi rassemblés (1) !

Les cieux célèbrent ses louanges, et le firmament publie qu'il est l'œuvre de ses mains. Le jour qui passe remet à celui qui le suit le cantique que tous les jours ils doivent chanter au Très-Haut, et la nuit succédant à la nuit publie sa sagesse infinie. (Ps. XVIII, 2, 3).

CHAPITRE XIV.

Mouvement des Astres.

Hommes ! *levez les yeux vers le ciel, et vous verrez Celui qui l'a créé faisant mouvoir les mondes comme une armée rangée en bataille,*

(1) Louis Racine. *Poème de la Religion.*

les appelant chacun par son nom, et déployan une force, une vigueur et une puissance telles qu'aucun globe ne peut lui résister. (Is. xi, 26).

Tout en effet est en mouvement dans les cieux. Le soleil tourne sur lui-même. Trente planètes, en tournant sur leur axe, tournent encore autour du soleil, et les comètes ont aussi ce mouvement de translation. Vingt-trois satellites ont eux seuls trois mouvements bien distincts : ils tournent sur eux-mêmes et autour des planètes, et ils les suivent dans leur course autour du soleil.

C'est à tort qu'on a cru que les étoiles étaient fixes, car leur position change continuellement. Elles forment des associations et constituent des systèmes de mouvements qui échappent à la science.

Cher lecteur, quand vous voyez une pierre traverser l'espace, vous ne doutez pas qu'une main ne l'ait lancée ; et quand vous voyez les mondes traverser le vide des cieux, pensez-vous à Dieu qui les met en mouvement?

Quand vous voyez une pierre tracer un grand cercle dans les airs, vous ne doutez pas qu'elle n'ait été mise à l'extrémité d'une fronde qu'une main agite, lors même que vous n'apercevez ni la fronde, ni la main ; vous voyez chaque jour des globes énormes et innombrables tracer des cercles immenses dans l'espace, et vous ne pensez pas à la main invisible qui leur imprime le mouvement !

Et considérez l'incompréhensible vigueur et l'infinie puissance du bras de Dieu. Le volume de la Terre est d'environ dix-sept milliards de lieues cubes, et son poids, évalué en kilogrammes, est représenté par le nombre 544 suivi de vingt-deux zéros, ou, si on le veut, 544 milliards suivis de 13 zéros. Quel volume ! quel poids énorme ! et cependant le bras de Dieu porte la Terre et l'agite. Que dis-je ? il lui donne une telle impulsion que, sans tenir compte du tour qu'il lui fait faire sur elle-même en vingt-quatre heures, il lui fait parcourir en un an deux cent trente-neuf millions de lieues autour du soleil, c'est-à-dire sept lieues et demie par seconde. Calculez maintenant la force du bras de Dieu, et n'oubliez pas, dans vos appréciations, qu'il y a soixante siècles qu'il fait tourner ainsi le globe terrestre.

Cependant, la terre n'est qu'un fantassin dans les armées du Seigneur. Le système solaire lui-même, avec ses planètes, ses satellites et ses comètes, n'est qu'un des petits bataillons du ciel. Cent millions de mondes franchissent encore d'incommensurables espaces dans l'immensité. D'après l'astronome Bessel, l'étoile n° 61 de la constellation du Cygne est une coureuse dont la vitesse surpasse cent soixante mille fois celle de la Terre.

O mon Dieu! quand un géant prend un caillou sur le chemin et le met au bout de sa fronde, il le fait tourner avec une rapidité qui échappe à notre œil, et tout ce qui est à l'entour est saisi de crainte. Vous avez pris la Terre et tous les mondes du ciel comme le géant prend le caillou du chemin, vous faites tourner tous ces globes énormes en une multitude de sens divers, et avec une rapidité qui surpasse des millions de fois celle que les plus forts géants purent jamais imprimer aux cailloux placés à l'extrémité de leurs frondes... Le bras du plus robuste géant se fatigue toujours, et votre bras, Seigneur, ne se fatigue jamais.

Que peuvent contre Dieu tous les rois de la terre!
En vain ils s'uniraient pour lui faire la guerre,
Pour dissiper leur ligue, il n'a qu'à se montrer ;
Il parle, et dans la poudre il les fait tous rentrer.
Au seul son de sa voix, la mer fuit, le ciel tremble,
Il voit comme un néant tout l'univers ensemble,
Et les faibles mortels, vains jouets du trépas,
Sont tous devant ses yeux comme s'ils n'étaient
[pas (1).]

(1) Racine. *Esther*; act. 1.

CHAPITRE XV.

Ordre merveilleux d s mouvements du Ciel.

Les trente planètes qui tournent avec tant de rapidité autour du Soleil ont chacune leur orbite, et celle que décrit l'une ne se rencontre jamais dans celle de l'autre. Quel choc, quelle horrible catastrophe si ces globes énormes, lancés à toute vitesse, venaient à se rencontrer !

Le mouvement de rotation que les planètes font sur elles-mêmes ne nuit point à la régularité de la révolution qu'elles doivent faire autour de leur centre commun.

Les vingt-trois satellites, en tournant sur eux-mêmes, tournent encore autour des planètes et les suivent régulièrement autour du Soleil. Dans ce triple mouvement, ils ne vont jamais heurter ni contre les planètes, ni contre d'autres satellites, quoiqu'on ait remarqué dans quelques-uns, comme dans ceux d'Uranus, une course en sens inverse de toutes les autres courses du système solaire.

Les nombreuses comètes qui entrent dans ce même système, et dont plusieurs viennent se jouer dans son intérieur, ne nuisent point à sa régularité, malgré la différence des plans qu'elles suivent et leurs queues longues parfois de plusieurs millions de lieues.

Tous ces globes, qui s'accordent si bien entre eux pour former un ensemble admirable, sont encore en parfaite harmonie chacun avec lui-même, et tous leurs mouvements sont d'une étonnante uniformité.

Le tour que fait le Soleil sur son axe est de 25 jours 8 heures 9 minutes.

La Terre, qui tourne sur elle-même en 24 heures, fait sa révolution annuelle autour du Soleil en 365 jours 6 heures 9 minutes 10 secondes.

Toutes les planètes, depuis la plus rapprochée du soleil jusqu'à la plus éloignée, ont la même précision dans leurs mouvements. Mercure fait le tour du grand astre en 87 de nos jours moyens, plus 23 heures 15 minutes et 46 secondes. Neptune ne l'accomplit qu'en 164 ans 226 jours.

La Lune tourne autour de la Terre, dont elle est le satellite, en 27 jours 7 heures 43 minutes 11 secondes, et son mouvement de rotation sur elle-même a lieu dans le même espace de temps. Elle suit de plus exactement la Terre dans la révolution que celle-ci fait autour du Soleil.

La même régularité est observée dans tous es satellites et dans leur triple mouvement.

Tout le monde sait que le cours des comètes n'est irrégulier qu'en apparence. Les astronomes sont déjà parvenus à mesurer les orbites de 150 d'entre elles, avec assez de précision pour pouvoir prédire le moment précis de leur retour.

Rappelons-nous qu'il y a six mille ans que le système solaire est en jeu, et les savants s'accordent à dire que jamais la moindre irrégularité n'a été observée dans ses rouages.

Les étoiles sont de véritables soleils. Il est probable qu'elles ont aussi leur cortége de planètes et de satellites dont nos télescopes ne peuvent nous révéler l'existence.

Si nous pouvions aller nous asseoir au dernier confin de la création et embrasser, d'un coup d'œil, l'universalité des mondes, nous verrions bien d'autres merveilles! Tout porte à croire que, comme les satellites sont subordonnés aux planètes, celles-ci au Soleil, tous les soleils et leurs systèmes le sont entre eux, et que tous ces mondes exécutent dans l'espace une immense harmonie dont les accords dépassent toutes les idées des hommes. C'était déjà la pensée de plusieurs anciens.

Les hommes, dans un effort suprême de la puissance et du génie qui leur ont été donnés, se sont fait des pieds de fer et des ailes de feu pour parcourir, comme en un jour, la Terre, qui est leur empire.

Voyez-vous, sur la surface de notre globe, ces longs réseaux de fer et ces convois emportés par les combinaisons de la sagesse humaine, comme des aigles géants qui, du Nord au Midi, de l'Orient à l'Occident, porteraient sur leurs ailes déployées des populations entières, pour les déposer à l'endroit fixé, et à l'instant même qui avait été déterminé d'avance?

Voyez-vous, sur les plaines de tous les Océans, ces maisons flottantes, affranchies du caprice des vents et de la puissance des flots? Fort du génie de l'homme qui l'anime avec la vapeur, le navire marche sur l'abîme de son propre mouvement, et court aux rivages lointains pour y arriver à l'heure qui lui a été marquée.

Quel est l'homme stupide qui ne verrait là d'impérissables monuments du génie humain?

Admirateurs des inventions des hommes, levez donc vos regards et vous verrez dans les cieux de plus grandes merveilles que toutes celles qui font ici-bas l'objet de votre admiration!

Comparez vos wagons et vos navires à ces globes innombrables qui courent dans l'espace. La Terre, où se jouent vos chars et vos vaisseaux, n'est qu'un des petits globes du ciel.

Vos wagons les plus accélérés font dix ou

douze lieues à l'heure, le globe terrestre fait dans le ciel sept lieues et demie à la seconde, et nous connaissons d'autres globes qui vont cent soixante mille fois plus vite.

Oserez-vous comparer la régularité et la précision de vos moyens de transport, à la régularité et à la précision des transports qui se font à travers les plaines de l'espace, où il n'y eut jamais une seconde de retard ?

Malgré toutes les précautions prises par les hommes, leurs combinaisons et leur sagesse sont souvent mises en défaut. La vapeur fait explosion, le wagon sort quelquefois de ses rails, le convoi rencontre le convoi, et nous sommes trop souvent épouvantés par le récit d'épouvantables catastrophes. Les globes énormes du ciel sillonnent l'espace en tous sens depuis plus de soixante siècles, et l'humanité n'a jamais eu à déplorer un seul désastre.

Il faut aux hommes d'innombrables efforts pour obtenir les résultats que nous avons constatés en les admirant. Impossible de surprendre une peine et un effort dans les mouvements des cieux.

Cher lecteur, la Terre est donc un char qui, sous la conduite de Dieu, porte toutes les nations dans l'immensité de l'espace. Vous êtes un voyageur qui faites deux cent trente-neuf millions de lieues par an, ou sept lieues et demie par seconde. Assis sur l'un des wagons de Dieu, n'imitez pas ceux qui l'oublient, et moins encore ceux qui blasphèment contre lui sur son char. S'il le voulait, Dieu briserait le monde. Il n'aurait qu'à l'arrêter et tout à la surface de la Terre serait broyé à l'instant. Que deviendriez-vous s'il faisait sortir le globe terrestre de son orbite? Ce globe et les nations qui l'habitent iraient se brûler dans le Soleil, se briser contre une planète ou contre une étoile, ou bien se perdre à jamais dans les vides du ciel.

Enfants des hommes, *humiliez-vous donc sous la main toute puissante de Dieu.* (I. Petr. v, 6.)

CHAPITRE XVI.

Distance des Astres et immensité.

La Lune, qui est le plus rapproché de tous les astres, puisqu'elle est le satellite de la Terre, est pour nous à une distance de 90 mille lieues. Le Soleil est à 38 millions de lieues de notre globe. Quelle élévation! Neptune, la plus éloignée des planètes connues, découverte en 1846, est à 1150 millions de lieues du Soleil. Quelle distance!

Sommes-nous aux confins de ce qui est? Non! *Sursum corda!* élevons nos pensées et avançons-nous dans les champs de l'espace. Sirius, qui est la plus éclatante étoile du ciel, et qu'on suppose la plus voisine de nous, est à une distance de 7000 milliards de lieues. La lumière, qui franchit près de 80 mille lieues par seconde, et qui parcourt en 8 minutes 17 secondes les 38 millions de lieues qui nous séparent du Soleil, met trois ans pour arriver de Sirius jusqu'à nous.

Sursum corda! Montons encore! Il est si doux pour des enfants d'explorer les domaines et les empires de leur père! L'étoile n° 61 de la constellation du Cygne, qui paraît avoir été mesurée avec plus d'exactitude que toutes les autres, est à la distance phénoménale de 25000 milliards de lieues. S'il nous était donné de partir de la Terre pour aller à cette étoile, et de franchir les espaces avec la rapidité de la lumière, il nous faudrait neuf ans et un quart pour aller au terme.

Serions-nous au moins à la limite dernière de l'immensité? Oh! non, nous ne serions qu'au début du voyage. Montons toujours et allons chercher les frontières de l'empire du Très-Haut. On peut diviser les étoiles en divers ordres, d'après leur grandeur et leur distance présumée. Celles dont nous venons de parler appartiennent à l'ordre le plus rapproché de nous. Si de ce premier degré on s'élève avec les astronomes aux degrés supérieurs, les calculs hypothétiques dépassent toute imagination. Herschel dit que la lumière émise par les dernières nébuleuses, visible au moyen de son télescope de 40 pieds, doit employer, si elle ne franchit que 80 mille lieues par seconde, près de deux millions d'années pour venir jusqu'à nous.

Qu'elle est donc grande la maison de Dieu! Qu'ils sont vastes ses empires! (Baruc. III, 24). *Qui osera se comparer au Seigneur notre Dieu qui habite dans les hauteurs de tous les mondes, et qui les voit se jouer, dans son immensité, comme des grains de sable agités par les vents?* (Ps. CXII, 6).

Cher lecteur, que nous sommes petits dans cette immensité de Dieu! Qu'est-ce qu'un homme sur la terre? — Une *sauterelle*, un rien (Is. XL, 17, 22). Qu'est-ce que la Terre dans le système planétaire auquel elle appartient? — Un point qu'un œil d'homme aurait de la peine à apercevoir du Soleil. Qu'est-ce que le Soleil avec son cortége de planètes, vu des étoiles? — Une nébuleuse, peut-être une étincelle, et les planètes échappent à toute investigation. Si, du premier rang des étoiles on s'élève aux rangs supérieurs, le Soleil lui-même n'apparaît plus. Qu'est-ce que toutes les étoiles et tous les mondes dans l'interminable espace? — Des atomes de poussière brillante. Et nous, cher lecteur, qui ne sommes rien dans un des plus petits mondes, nous devenons des infiniment petits que l'œil de Dieu seul peut apercevoir.

Et cependant, n'avons-nous jamais dit comme ce rebelle dont l'histoire est devenue fameuse : *Je monterai sur les nuées et je serai semblable au Très-Haut.* (Is. XIV, 14).

CHAPITRE XVII.

L'Homme, roi du monde.

Notre grandeur royale et notre souveraineté ne seraient pas enregistrées à toutes les pages de nos Saints Livres, que nous les retrouverions dans notre ame, dans notre corps même et dans tous les êtres qui nous entourent.

O mon ame, à qui te comparerai-je ! Je ne trouve rien dans les éléments qui puisse t'égaler : tu es plus légère et plus pure que l'air ; les clartés de ton intelligence sont bien supérieures à celles du feu et de tous les astres du ciel, et les tableaux que reproduisent les miroirs des eaux n'approchent guère de ceux qui viennent se réfléchir dans ton imagination ! J'ai beau passer en revue tous les règnes de la nature et tous les êtres qui composent cet univers visible, je ne trouve nulle part ce *souffle de vie* qui est tout à la fois intelligence, amour et liberté.

A qui donc le comparerai-je, mon ame? Il faut aller dans *les cieux des cieux*, monter au-delà de tous les mondes et se placer en face du trône de Dieu pour trouver le type de l'ame faite à *l'image et à la ressemblance* du Très-Haut lui-même.

Dieu est, il se connaît, il s'aime ; notre ame est, elle se connaît, elle s'aime « Sem-
« blable au Père, elle a l'être ; semblable au
« Fils, elle a l'intelligence ; semblable au
« Saint-Esprit, elle a l'amour. Semblable au
« Père, au Fils et au Saint-Esprit, elle a dans
« son être, dans son intelligence, dans son
« amour, une même félicité et une même
« vie (1). »

Dieu embrasse tous les temps : le passé, le présent et l'avenir ; l'ame embrasse le passé par la mémoire, le présent, par la conscience, et l'avenir, par des déductions fondées sur la raison et l'analogie. Dieu est libre, l'ame est libre ; Dieu est souverain, l'ame est souveraine du corps qu'elle anime, et, à l'aide du corps, elle force tous les êtres de la terre à se ranger sous son empire.

(1) Bossuet. *Elévation sur les mystères.*

Dieu crée; l'homme, par son ame, est aussi, en quelque sorte, créateur: il ne créera pas des substances, Dieu s'étant réservé ce droit; mais il créera des formes nouvelles, et il sera le seul être en ce monde qui ait reçu le pouvoir d'inventer et de perfectionner.

Quand Dieu parle, le néant répond à sa voix, et des êtres qui n'étaient pas paraissent aussitôt pour rendre visibles les invisibles attributs de Celui qui les appelle. L'ame, au moyen de la voix, force le silence à lui répondre, réalise au dehors, dans la parole matérielle, son immatérielle parole du dedans, manifeste ainsi ce qu'il y a d'invisible en elle, et établit un mystérieux commerce entre les esprits.

La supériorité de l'homme et sa grandeur sont écrites jusque dans la partie inférieure de son être.

Dieu, qui s'est plu à nous donner, dans la nature matérielle, des reflets de ses attributs, ne s'est appliqué, en aucune créature sensible, autant que dans le corps de l'homme, à se reproduire lui-même. Ici la grâce est unie à la majesté, l'expression de l'intelligence à celle de l'amour. La rose qui s'épanouit au premier soleil du matin, couronnée des perles de la rosée, n'est pas aussi belle que la figure angélique d'un enfant. Le lis est loin d'être aussi pur que le front d'une vierge. Une matinée de printemps n'a pas autant de charme et de douceur que le sourire de nos mères. Le silence des solitudes profondes et des déserts n'est pas aussi important que la figure calme et réfléchie de l'homme de génie. L'éclair qui sillonne la nue n'a pas plus de majesté que le guerrier qui s'élance dans la mêlée des batailles. Que tous les êtres vivants ou inanimés viennent se confronter avec l'homme! nous n'en trouverons aucun qui, dans ses formes extérieures, présente d'aussi beaux reflets de l'infini à travers le fini, et manifeste un ensemble aussi complet de puissance, de sagesse et d'amour.

Tous les animaux ont la face penchée vers la terre, et l'homme se tient debout pour regarder les cieux. On dirait que son front majestueux attend une couronne et que son bras est fait pour porter le sceptre. Quelle vivacité dans son regard, quelle puissance dans sa voix, quelle grâce dans son sourire, quel air imposant dans sa démarche, quelle force, quelle agilité et quelle adresse dans tous ses mouvements!

Si un ange descendait du ciel pour passer en revue tous les êtres de la terre et apprendre à les connaître, à la première vue de l'homme il s'écrierait : Salut, ô roi du monde, je vous reconnais pour le souverain de la terre, car vous êtes couronné de gloire et d'honneur, et je vois que vous êtes celui à qui le monde a été donné pour empire!

La royauté de l'homme, qui est écrite en lui, l'est encore hors de lui. Otez l'homme du monde, tout ce qui est dans les airs, sur la terre et jusque dans les abimes les plus profonds, n'a plus de raison d'être et ne peut plus exister, puisqu'il serait indigne de Dieu de créer et de conserver l'existence à des éléments, à des corps bruts et à des animaux stupides qui, par eux-mêmes, ne peuvent avoir aucune relation avec lui.

Mon ame, bénis le Seigneur et que tout ce qui est en moi exalte son saint nom. N'oublie jamais, ô mon ame, tout ce qu'il a fait pour toi. (Ps. CII, 1, 2).

Que la terre entière, qu'il m'a donnée pour empire, lui rende grâce; qu'elle le loue et qu'elle ne cesse jamais de publier ses bontés. (Dan. III. 74).

CHAPITRE XVIII.

L'Homme, prêtre de la création.

Le monde n'est pas seulement le palais de l'homme, il est encore un temple magnifique que Dieu s'est fait à lui-même.

Le ciel azuré est la voûte de cette immense basilique, le soleil en est le lustre, la lune en est la lampe et les étoiles en sont les flambeaux. Les montagnes s'élèvent de toutes parts comme des autels splendidement parés, et il est à remarquer que tous les peuples ont aimé à immoler leurs victimes sur les crêtes des monts. Ne dirait-on pas que les nuages s'élèvent de la mer vers les hauteurs les plus inaccessibles, comme l'encens pur qui monte du sanctuaire à la voûte de nos cathédrales dans les jours de grandes solennités.

O terre! où est donc ton prêtre et ton pontife? — Mon prêtre! c'est l'homme.

Placé aux confins de deux mondes, du monde de la matière et du monde des esprits, c'est par l'homme que le premier de ces mondes doit se relier au second, et que tous les êtres privés de raison doivent rendre à Dieu le tribut de gloire qui lui revient.

Il ne faut pas s'y tromper, tous les êtres, quels qu'ils soient, ont été faits pour Dieu. En les produisant tous, du plus petit jusqu'au plus grand, l'Être infiniment sage et infiniment saint a dû se proposer une fin digne de lui; or, la fin digne de Dieu est Dieu lui-même.

Homme, roi de la création, souviens-toi que tu es fait pour louer le Très-Haut, et n'oublie jamais que si tu as une souveraineté si grande, c'est parce que, par ton intelligence et par ton cœur, tu peux te mettre en relation directe avec Lui.

Sache que tous les êtres qui te sont soumis dans ton empire sont aussi faits pour glorifier leur Créateur. Mais comme ils ne peuvent pas lui rendre un hommage immédiat, puisqu'ils ne le connaissent pas, ils ont besoin d'un intermédiaire, d'un interprète, d'un prêtre, et ce prêtre c'est toi.

Seigneur, mon Dieu, l'immensité est votre empire ; les astres qui parcourent l'espace sont les chars de votre puissance ; leurs admirables évolutions sont un reflet de votre sagesse ; les nuits sereines et silencieuses sont une image de votre éternel repos ; le tonnerre qui gronde et l'éclair qui sillonne la nue sont un rayon de votre majesté ; les flots courroucés de la mer, les forêts agitées par l'ouragan et le lion qui rugit dans les déserts, rappellent aux méchants votre colère ; les lacs tranquilles, les fleuves qui fécondent la terre disent votre inépuisable libéralité ; l'aurore est votre sourire, le soleil est votre splendeur, les fleurs sont votre amour.

Tout me parle de vous, Seigneur, les petits oiseaux, les jolies fleurs, l'haleine parfumée des zéphirs du printemps, les lointains de l'horizon comme les astres du firmament; vous vous montrez à l'homme, partout et toujours, à travers les belles formes de la création !

Faites, ô mon Dieu, que je n'use de vos dons que selon les desseins de votre sagesse et de votre providence miséricordieuse.

TABLE.

Chapitre Ier. Naissance d'une plante 1
— II. Un rosier au printemps. . . . 5
— III. Utilité des plantes. 7
— IV. Un nid d'oiseau. 11
— V. L'instinct des animaux. . . . 13
— VI. Services que nous rendent les animaux. 20
— VII. Le renne et le chameau. . . 25
— VIII. Le feu. 28
— IX. L'eau. 31
— X. L'air. 36
— XI. Le soleil éclairant le monde. . . 40
— XII. Le soleil réchauffant le monde. . 44
— XIII. Le soleil marquant le temps. . 48
— XIV. Le mouvement des astres. . . 52
— XV. Ordre merveilleux des mouvements du ciel. 56
— XVI. Distance des astres et immensité. 62
— XVII. L'homme, roi du monde. . . 64
— XVIII. L'homme, prêtre de la création. 68

EN VENTE
CHEZ CHARLES BURDET, LIBRAIRE-ÉDITEUR
A ANNECY (HAUTE-SAVOIE)

NOTRE-DAME DE SAVOIE et variétés historiques dont les plus célèbres sanctuaires dédiés à la Mère de Dieu et les principales dévotions établies en son honneur, dans les diocèses de la Savoie, rappellent le souvenir. Ouvrage écrit en partie sur des documents inédits, par M. l'abbé F. GROBEL, ancien professeur de philosophie au collège royal de Bonneville, professeur de rhétorique et directeur spirituel au collège d'Annecy, 1 vol. in-8°, prix *franco*, 5 fr.

La *Bibliothèque catholique*, l'*Univers*, le *Rosier de Marie*, la *France littéraire* et plusieurs autres journaux ont rendu compte dans les termes les plus flatteurs, de cet important ouvrage.

M. ADRIEN PELADAN, rédacteur en chef de la *France littéraire*, a dit entre autres : « Que dira « Paris de cette valeur de la plume? Comment la « cité dédaigneuse traitera-t-elle une petite ville « qui naguère encore n'était pas française, et qui « lui présente un auteur dont la diction se place à « côté des plus heureuses plumes de la première « cité de France? Celui-là seul qui aura lu *Notre-* « *Dame de Savoie*, en connaîtra les richesses. »

CONTEMPLATIONS DES PRINCIPALES MERVEILLES DE L'UNIVERS, ou Philosophie religieuse de la nature, par M. l'abbé F. GROBEL. Prix *franco*, 2 fr.
Ouvrage approuvé par plusieurs évêques de France et d'Italie.

www.ingramcontent.com/pod-product-compliance
Lightning Source LLC
LaVergne TN
LVHW020326100426
835512LV00042B/1670